SOCIÉTÉ D'ÉCONOMIE POLITIQUE DE LYON

ANNÉE 1879-1880

AF467927

BIBLIOTHÈQUE NATIONALE R.F. IMPRIMÉS

LES LIGNES DE TRANSIT INTERNATIONAL DE L'OUEST DE L'EUROPE

PAR

M. Alphonse MARCHEGAY

INGÉNIEUR CIVIL DES MINES

SÉANCE DU 9 AVRIL 1880

LYON

IMPRIMERIE A. STORCK

Rue de l'Hôtel-de-Ville, 78

1880

©

Pièce. 8° V 2930

SOCIÉTÉ D'ÉCONOMIE POLITIQUE DE LYON

ANNÉE 1879-1880

LES LIGNES DE TRANSIT INTERNATIONAL DE L'OUEST DE L'EUROPE

Le 29 février dernier, à 11 heures du matin, un dernier coup de mine brisait la faible barrière qui séparait encore les deux galeries du souterrain du Saint-Gothard. Par ce nouvel ouvrage, qui sera bientôt achevé, non seulement l'Allemagne, mais encore les Pays-Bas et le Nord-Est de la France, communiqueront par voie ferrée avec l'Italie, d'une manière plus courte et plus facile que par le Mont-Cenis.

Il m'a semblé qu'une étude rapide et comparative des lignes actuelles de transit international, dans l'ouest de l'Europe, présenterait quelque intérêt, en montrant en même temps quel nouveau chemin de fer la France devra construire à bref délai dans les Alpes, pour parer à la concurrence redoutable amenée par la ligne du Gothard. Tel est le but de cette étude, entreprise sans parti pris, à un point de vue général français et non lyonnais, comme plusieurs le penseront peut-être, lorsque j'exposerai la solution la meilleure à mes yeux.

INTRODUCTION

A toutes les époques, et encore plus à la nôtre, les peuples ont cherché à échanger leurs produits et leurs idées. Ces échanges ont suivi les voies données par la nature, c'est-à-dire la mer, les fleuves, les vallées, et dans les pays de montagnes, les passages ou cols par lesquels ces murailles peuvent être franchies. Les chemins de fer eux-mêmes, ces grandes voies perfectionnées de notre siècle, ont dû, comme les routes leurs devancières, remonter les vallées des fleuves et de leurs affluents, pour s'approcher des lignes de faîte et ne les franchir le plus souvent que près des points où ces lignes de faîte s'abaissent le plus.

Quand on jette les yeux sur une carte d'Europe et qu'on voit, au sud de ce continent, le vaste bassin de la Méditerranée avec ses îles et presqu'îles nombreuses, on comprend de suite que les bords de cette mer aient été le foyer de la civilisation européenne. Dans l'antiquité, la Grèce et l'Italie furent ces pays privilégiés. L'Italie, placée au centre de la Méditerranée, était pour ainsi dire prédestinée au rôle magnifique qu'elle a joué dans l'histoire. Un tout petit peuple s'y élève peu à peu, soumet ses voisins les plus proches et, débordant des limites de la péninsule italique, passe la ceinture de montagnes qui l'enserre au Nord et conquiert successivement tout le bassin méditerranéen.

Les Romains, dans leurs guerres contre les Gaulois nos pères, ne firent que suivre les routes naturelles que ces derniers et Annibal avaient prises dans leurs invasions. Mais, pour les besoins de la guerre, ils substituèrent à ces mauvais chemins ces magnifiques voies romaines, si bien tracées au point de vue militaire, qu'on leur vit jouer un rôle dans les guerres, non seulement au moyen-âge, mais encore aux temps modernes. Ces instruments créés pour la guerre devaient servir plus tard aux échanges commerciaux et accroître encore l'attraction des peuples du Nord pour les pays du Midi.

A l'apogée de la grandeur romaine, l'Italie était réellement le centre du monde civilisé ; vers elle convergeait le commerce de toute l'Europe et des pays de l'Orient ; et quand tomba l'Empire des Césars, sous les coups répétés des Barbares, ce pays, malgré ses luttes intestines et sa division en de nombreux petits Etats, conserva encore, grâce à sa position, le grand commerce avec l'Orient. Les Républiques de Venise, de Florence, de Gênes lui durent leurs richesses et leur splendeur pendant tout le moyen-âge, et les Croisades, en mettant en rapport les chrétiens d'Occident avec les musulmans de l'Orient, ne firent qu'accroître ce courant commercial.

La découverte du cap de Bonne-Espérance, par Vasco de Gama, celle de l'Amérique par Christophe Colomb à l'ère des temps modernes, vinrent changer ces conditions favorables et faire passer la palme du commerce dans les mains d'autres peuples.

Peu à peu une contrée, le pays des Bretons :

Et penitus orbe divisos toto Britannos,

malgré sa position excentrique et insulaire, prit, grâce à l'énergie et à l'industrie de ses habitants, une place prédominante dans le concert commercial du monde. L'Angleterre avait devant elle la mer, ce grand chemin des nations, ouvert à tous, qui mène partout, s'entretient seul et ne coûte rien à personne. Tandis que par le cap de Bonne-Espérance elle commerçait avec l'Extrême-Orient et y fondait un grand empire colonial ; par l'Atlantique, elle s'élançait à la conquête d'un monde nouveau : négligeant les contrées de l'or et de l'argent, ses hardis pionniers colonisaient l'Amérique du Nord et y créaient un puissant empire, qui dans l'avenir balancera peut-être la fortune de la mère-patrie; ses vaisseaux poussant plus au Sud, passaient le Cap Horn, entraient dans l'Océan pacifique et y colonisaient un continent nouveau : l'Australie.

Mais, dira-t-on, comment la France avec son sol si riche, son excellent climat, la France que baignent à la fois l'Atlantique et la Méditerranée, n'a-t-elle pas profité au même degré de ces dons merveilleux ? Pays continental, plus agricole qu'industriel, obligée par sa position de lutter contre de puissants voisins, elle a pendant longtemps dépensé le plus clair de sa force et de ses richesses à constituer son unité, à se défendre et à répandre plutôt ses idées que ses produits dans le monde. Ce lot est beau sans doute, et sans être taxé de chauvinisme, nous pouvons dire que la France a été au premier rang pour répandre la civilisation. Mais pour conserver sa place, pour exercer une légitime influence, un grand peuple doit non seulement travailler et consommer ses propres produits, mais il doit faire des échanges avec ses voisins, et pour cela porter tous ses efforts vers l'amélioration des grandes voies traversant son territoire et suivies par le commerce international.

La découverte de la machine à vapeur par un Anglais, Watt, à la fin du siècle dernier, l'application de ce merveilleux engin à la navigation fluviale et maritime par l'Américain Fulton, puis à la traction sur les chemins de fer, par Stéphenson, ne devaient qu'augmenter encore la puissance industrielle et commerciale des Anglais, car dans leur île brumeuse ils possédaient la houille, ce pain de l'industrie, et le fer, ce métal bien plus utile que l'or.

Après les grandes guerres de la Révolution et de l'Empire qui avaient mis l'Europe à feu et à sang, les nations européennes se remirent aux travaux plus fructueux de la paix. Améliorant leur outillage et surtout leurs procédés de transport, elles augmentèrent leur puissance de production par la création des manufactures, et la facilité des échanges par la création de voies nouvelles ; les ports furent agrandis, de nouvelles routes construites, des canaux creusés et les chemins de fer établis. Tous ces travaux développaient nécessairement le trafic intérieur et le trafic international, mais il ne pouvait y avoir déplacement réel des courants commerciaux existants que par la construction de voies nouvelles bien plus courtes que les anciennes.

Deux entreprises considérables, commencées presque en même temps, allaient faire cette révolution. Toutes deux sont dues à des hommes de race latine : la première est l'ouverture de l'isthme de Suez par un Français, M. de Lesseps ; la seconde, le percement du Mont-Cenis par un Savoisien, Sommeiller.

Par l'isthme de Suez, les ports de la Méditerranée, et surtout ceux de l'Italie orientale, allaient reconquérir une partie des avantages de leur ancienne position. Le chemin de fer du Mont-Cenis, en donnant une route facile vers la France et l'Angleterre, allait attirer à lui le transit des voyageurs et marchandises de grande valeur, allant ou venant de l'Orient.

L'Angleterre ne s'y était pas trompée : tout en suivant d'un œil jaloux l'œuvre de notre éminent compatriote et cherchant même au début à l'empêcher de tout son pouvoir, elle fut la première prête quand le canal de l'Isthme fut ouvert. Les armateurs et négociants avaient employé le temps nécessaire à la construction, à renouveler leur matériel nautique et à le mettre en rapport avec les exigences de la navigation nouvelle par le Canal et la mer Rouge.

Des événements politiques d'une importance capitale s'accomplissaient en Europe à la même époque ; l'unité italienne se constituait et réunissait sous un même sceptre 25 millions d'habitants, puis les peuples de l'Allemagne du Nord, longtemps divisés en plusieurs petits Etats, formaient le grand empire Allemand. Ces deux grandes nations, toutes deux placées au centre de l'Europe, l'une au nord et l'autre au midi, allaient, par une tendance naturelle, chercher à se rattacher par le plus grand nombre de voies possible. Déjà deux grands chemins de fer les réunissaient, celui de Brenner et celui du Sommering, mais ces deux lignes étaient beaucoup trop à l'est et ne donnaient réellement accès qu'aux ports médiocres de Venise et de Trieste. Une ligne placée plus à l'ouest de ces voies et remontant presqu'en ligne droite de Milan vers la mer du Nord, par la Suisse, avait non seulement le grand avantage de desservir bien mieux les échanges des deux peuples, mais encore celui bien plus grand d'attirer à elle le transit international. Le port de Brindisi, situé sur l'Adriatique, devenait le port indiqué pour les échanges rapides avec l'Orient, il fallait tendre à y arriver vite et bien.

Le souterrain du Mont-Cenis avait demandé plus de treize années pour être percé ; travail tout nouveau dans l'art de l'ingénieur, il résolvait un problème regardé jusque-là comme insoluble, celui d'ouvrir un long tunnel, de plus de 12 kilomètres, dans les roches les plus dures, en l'attaquant seulement par les deux têtes, et de mener à bonne fin ce double percement, en se rencontrant exactement.

On put alors projeter l'ouverture de passages artificiels en souterrains, passant sous des cimes élevées et à des altitudes bien moindres que les passages naturels aux cols des montagnes ; mais avant de parler des passages artificiels ouverts ou à ouvrir au travers des Alpes, il est bon d'examiner les passages naturels de cette grande chaîne dans sa partie occidentale.

Passages naturels des Alpes

Par la hauteur de leurs cimes, l'importance de leur massif, les Alpes peuvent être considérées comme formant l'ossature du continent européen, au centre duquel elles s'élèvent, comme une solide barrière, courant d'abord de l'est à l'ouest, puis du nord au midi, en séparant des pays de productions et de races fort diverses. Les hommes ont cherché, dès les temps les plus reculés, pour les besoins de la guerre et du commerce, leurs passages les plus faciles, qui correspondent aux vallées des affluents supérieurs. Les passages naturels situés dans l'ouest des Alpes et intéressant plus particulièrement la France, la Suisse, l'Allemagne du Nord et l'Italie, sont :

Le Mont-Genèvre, à..	1854	mètres d'altitude.
Le Mont-Cenis........	2095	—
Le Petit St-Bernard...	2200	—
Le Grand St-Bernard.	2620	—
Le Simplon..........	2193	—
Le St-Gothard........	2267	—

Les hommes y passèrent d'abord à pied, puis on y établit des sentiers de mulets et enfin des routes plus ou moins carrossables.

C'est ainsi que nous voyons la route du Mont-Genèvre, servir à Charles VIII pour son expédition d'Italie, et c'est très probablement par le même col que passa Annibal. Cette route se recommandait par la faible altitude du passage, mais elle a le désavantage d'être trop au sud et de ne faire bien communiquer que la Provence et le Piémont. Aussi César, Napoléon, sont-ils passés plus au nord, par le Mont-Cenis, le Petit Saint-Bernard et le Simplon. Ce dernier y fit construire des routes magnifiques à pentes relativement douces qui, jusqu'à ces derniers temps, servaient dans la belle saison à un trafic considérable.

Passages artificiels des Alpes

Le percement du Mont-Cenis avait montré la possibilité d'ouvrir des tunnels très longs, en les attaquant seulement par leurs têtes, mais on était toujours astreint à la double condition d'une épaisseur de muraille relativement faible à percer et d'un accès facile en toute saison aussi bien sur le versant sud que le versant nord. Si donc les passages artificiels ouverts ou à ouvrir par les hommes dans les Alpes sont quelquefois à une certaine distance des anciens passages naturels, ils correspondent aux mêmes vallées et n'en diffèrent que parce que l'on passe d'une vallée dans une autre en s'élevant moins haut. Or, les deux versants des Alpes ont des altitudes moyennes fort différentes, car la Suisse et la Savoie forment un plateau accidenté, qui dans ses parties les plus basses est encore de près de 200 mètres plus haut que la plaine italienne au pied des monts.

Cette assiette des lieux permet aux chemins de fer de s'élever, sans trop de difficultés, par les grandes vallées du Rhin et du Rhône, vers le massif alpin ; mais une fois qu'ils y sont engagés, il faut choisir la source du fleuve ou de son affluent près de laquelle on ira creuser le souterrain débouchant en Italie. De là naît la concurrence qui s'est établie dans le bassin du Rhin, entre le St-Gothard et le Simplon, et, dans le bassin du Rhône, entre le Simplon, les deux St-Bernard, le Mont-Cenis et le Mont-Genèvre.

A ne considérer que les circonstances de topographie, d'altitude, de climat, d'épaisseur de la muraille rocheuse, de facilité des abords du côté nord, le Simplon et le Mont-Genèvre présentent, sur les autres, des avantages reconnus de tous les ingénieurs, car le Simplon permet de construire le tunnel le moins élevé, et le Mont-Genèvre le tunnel le plus court. Voici, en effet, les altitudes de ces différents souterrains avec leurs longueurs :

PASSAGES NATURELS VOISINS	NOMS DES TUNNELS	ALTITUDE	LONGUEUR	OBSERVATIONS
Mont-Genèvre.	l'Echelle.	1513 m	4.620	projeté.
Mont-Cenis.	Mont-Cenis.	1295	12.220	exécuté.
Petit et Gd St-Bernard.	Mont-Blanc.	1020	13.640	projeté (de Lépinay).
Simplon.	Simplon.	711	18.507	projeté (Lomel).
St-Gothard.	St-Gothard.	1152	14.950	exécuté.

Pourquoi donc alors avoir accordé la préférence au Mont-Cenis et au Saint-Gothard? Quand l'Italie entreprit de percer les Alpes, elle était maîtresse de la Savoie et désirait se relier avec elle. Le Mont-Genèvre conduisait en Provence et en Dauphiné, le Simplon en Valais, le Mont-Blanc dans le Faucigny et le Mont-Cenis seul en Savoie directement. De même l'Allemagne, forcée de traverser la Suisse pour parvenir en Italie, devait plutôt chercher sa voie vers les sources du Rhin que vers celles du Rhône, au St-Gothard plutôt qu'au Simplon.

Comparaison du Mont-Cenis et du Saint-Gothard

Pour comparer entre elles ces deux grandes voies, nous ferons d'abord remarquer qu'elles peuvent servir l'une et l'autre au transit international entre l'Italie et le nord de la France. Les deux points terminus de la ligne à considérer sont Calais au nord, en face de l'Angleterre, et Brindisi, en Italie, sur l'Adriatique. Quelle que soit la voie suivie pour se rendre de Calais à Brindisi, on passe par Plaisance, centre du réseau italien vers l'est, et, par suite, on peut remplacer Brindisi par Plaisance, comme point terminus. L'examen d'une carte de l'ouest de l'Europe montre de suite que la ligne de partage de ces deux grandes voies passerait vers Beaune, Chartres et Cherbourg, c'est-à-dire que les points situés au-dessous de cette ligne idéale sont plus près de Plaisance par le Mont-Cenis, et ceux au-dessus plus près par le St-Gothard.

Prenant la direction la plus courte pour chacun de ces chemins de fer, on trouve les distances réelles ci-après :

	Par le Mont-Cenis.	Par le Saint-Gothard
De Calais à Plaisance.	1263 kil.	1178 kil.
De Paris à Milan........	916 »	894 »

Le Saint-Gothard fournit donc une ligne plus courte que le Mont-Cenis, et son action peut se faire sentir jusqu'à Paris.

Dès l'apparition du Saint-Gothard, au moment où les négociations s'engageaient entre les Etats intéressés, on se préoccupa, en France, de l'influence qu'apporterait cette nouvelle voie sur les relations internationales, et, dès 1870, une motion fut faite en faveur de la ligne du Simplon, au sein du Corps législatif français. A ce moment, le chemin du Simplon appartenait à une compagnie française, et on ignorait les avantages du Mont-Blanc. La motion, repoussée alors sur une simple réponse du Ministre, revint à l'Assemblée nationale en 1873, appuyée par un grand nombre de députés, et fut encore écartée en 1874, avec renvoi aux Ministres, après un remarquable rapport de la commission des chemins de fer.

Mais, depuis 1870, le chemin du Simplon avait eu des fortunes diverses; après deux faillites, il avait été vendu aux enchères, pour un prix dérisoire, à des capitalistes suisses. La commission fut d'avis que le Mont-Cenis pouvait encore lutter, en France, contre le Saint-Gothard; car, de Plaisance à Boulogne, il y avait 1243 kilom. par le Cenis, et 1206 kilom. par le St-Gothard, vià Belfort-Laon; que le Simplon était une entreprise mal engagée, plutôt nuisible qu'utile à la France, au point de vue commercial et politique, en faisant concurrence à la voie plus française du Mont-Cenis; que la France devait avant tout s'assurer si sur son territoire on ne trouve pas une voie meilleure, et, en dernière hypothèse, n'accorder une subvention au Simplon qu'après une enquête officielle sur sa situation financière.

Depuis cette époque, le public a repris la question; des lignes nouvellement construites sont venues faire pencher encore la balance en faveur du Saint-Gothard, et il a fallu chercher un remède. Aussi la question est-elle revenue, en 1879, devant le Parlement, quoique incidemment, à propos de la loi du classement du réseau complémentaire des chemins de fer. Les rapports des commissions nommées par les deux Chambres ont été déposés. Ils signalent tous deux l'urgence d'ouvrir une voie nouvelle; mais tandis qu'à la Chambre des députés la commission conclut pour le Simplon, au Sénat la commission conclut pour le Mont-Blanc.

Longueurs réelles des quatre lignes

Nous allons comparer entre elles les quatre lignes du Mont-Cenis, du Saint-Gothard, du Mont-Blanc et du Simplon; nous rechercherons, pour chacune d'elles, la distance réelle, la déclivité, l'altitude des points les plus élevés de la voie, et pour les deux dernières, qui ne sont pas encore exécutées, la dépense de construction et le délai d'exécution.

Par longueurs réelles de ces lignes, nous entendons les distances comptées pour toutes sur la direction la plus courte. Elles sont résumées ci-après :

LIGNES	DE CALAIS A PLAISANCE	DE PARIS A MILAN	OBSERVATIONS
Mont-Cenis.	1.265 kil.	916 kil.	lignes communes jusqu'à Bourg, en venant du Nord.
Mont-Blanc.	1.194	852	
Simplon.	1.206	839	La ligne de Calais passe par la Champagne.
St-Gothard.	1.178	894	La ligne de Calais passe par la Lorraine.

Sur ces quatre lignes, le Mont-Cenis et le Mont-Blanc permettent seuls de passer directement de France en Italie.

Le Saint-Gothard emprunte le territoire suisse et allemand sur une longueur de 617 kilomètres, c'est-à-dire plus de la moitié du trajet de Calais à Plaisance.

Le Simplon emprunte le territoire suisse sur une longueur de 220 kilomètres.

Longueurs virtuelles des quatre lignes

Quand il s'agit de chemins de fer de montagne, la longueur réelle n'est pas le seul élément à considérer, il faut tenir un large compte à la fois de la déclivité de la voie et de l'altitude à franchir. Dans les fortes pentes et les courbes de faible rayon que les tracés en montagne présentent fréquemment, les frais de traction croissent très vite et plus rapidement que les pentes elles-mêmes. Si le chemin de fer traverse des régions fort élevées au-dessus de la mer, il se rapproche des cimes couvertes de neige et par suite des avalanches, d'où plus grande difficulté d'exploiter dans la saison froide.

Nous allons passer les quatre lignes en revue à ce double point de vue.

Mont-Cenis. — Le point le plus élevé du tunnel est à la cote 1295m65, sa longueur est de 12,220 mètres. Les avalanches sont surtout à craindre du côté italien qui est le plus abrupt et la voie a dû être protégée en plusieurs points par des voûtes.

Le chemin commence réellement à monter en France (pentes supérieures à 15 millièmes) à partir d'Epierre jusqu'au point culminant dans le tunnel ; il descend ensuite vers l'Italie d'abord faiblement, puis avec de très fortes pentes dans la vallée de la Doire, Ripaire jusqu'à Suze. On trouve en tout 101 kilomètres où la pente dépasse 15 millièmes.

Saint-Gothard. — Il est placé à l'altitude de 1152 mètres avec une longueur de 14,950 mètres et ses lignes d'accès ont des pentes n'excédant pas 15 millièmes jusqu'à Silenen sur le versant nord, et Bodio sur le versant sud. Entre ces deux points il y a un tracé des plus tourmentés avec plusieurs tunnels tracés en hélice à très forte pente et de courts rayons. Il faut compter 63 kilom. 5 de chemin où la pente est de 25 et même de 26 millièmes.

Mont-Blanc. — La chaîne du Mont-Blanc est remarquable par l'élévation de ses sommets, mais la base est relativement basse et peu épaisse ; du côté nord le chemin de fer peut s'élever jusqu'au pied du Mont-Blanc sans difficultés par la vallée de l'Arve et arriver jusqu'à Chamonix à la cote 1050 mètres. Sur le versant sud Entrèves, situé sur la Doire-Baltée, à la cote 1285 est à 13 kilom de Chamonix à vol d'oiseau.

Un souterrain ouvert aux environs de ces localités dans la partie la plus étroite de la montagne ne serait donc pas beaucoup plus long que le Mont-Cenis et lui serait même supérieur au point de vue de l'altitude.

Sur le versant italien d'Ivrée à Aoste la déclivité n'est pas trop forte ; d'après les études de M. l'ingénieur Garella, les pentes ne dépasseront pas 12 à 13 millièmes.

Reste la partie de Chamonix à Aoste.

Un premier projet porte un souterrain de 13,250 mètres, à l'altitude maxima de 1,147 mètres, ayant à sa suite une galerie sous vallée de 2,700 mètres et une voie jusqu'à Aoste de 35 kilomètres de longueur avec des déclivités allant de 25 à 20 millièmes.

Dans un second projet étudié par M. l'ingénieur en chef Lodin de Lépinay, le souterrain aurait 13,640 mètres de long avec une altitude maxima de 1020 mètres et à sa suite une galerie sous vallée de 5300 mètres et une voie d'environ 30 kilomètres jusqu'à Aoste. La déclivité ne dépasserait pas 15 millièmes.

Les plus fortes rampes de cette ligne se rencontrent dans la section de Bellegarde à Bourg par Nantua qui est la ligne la plus courte. Le point de faite de cette section est à la cote 586 entre le lac de Sylans et de Nantua, et pour y arriver il y a des pentes de 20, 25 et même de 27 millièmes sur une longueur de 31 kilomètres.

SIMPLON. — Dans le dernier projet, celui de M. Lomel, directeur technique de la Compagnie du Simplon, la galerie serait attaquée à 687 mètres d'altitude du côté italien et à 711 mètres du côté suisse, soit à 35 mètres seulement au-dessus du niveau du Rhône à Brieg, et sa longueur serait de 18,507 mètres.

L'accès de ce tunnel est facile du côté nord par la vallée du Rhône, mais il n'en est pas de même du côté sud. Le *val di Vedro*, dans lequel se trouve la tête sud près d'Iselle, descend très rapidement vers le lac Majeur, car 17 kilomètres seulement séparent Iselle (687^m) de Domo d'Ossola (278^m), on ne peut par suite éviter des pentes inférieures à 25 millièmes dans cette partie.

Quand la Compagnie du Simplon prétend que ce souterrain supprimera complètement les Alpes et ouvrira un passage de plaine à plaine, elle emploie des expressions pittoresques, mais complètement fausses.

La partie la plus accidentée du profil et la plus élevée n'est pas là, mais bien dans le Jura que la ligne traverse en France vers Jougne et Pontarlier. Le point culminant est près de Jougne à la cote 1011 mètres, puis on descend vers le bassin du Doubs par des pentes un peu raides, en traversant entre Pontarlier et Joux un haut plateau particulièrement froid, où la voie est souvent obstruée par les rafales de neige en hiver.

Dans cette région accidentée du Jura, la ligne compte 67 kilomètres où la pente varie de 20 à 25 millièmes, de sorte que la ligne du Simplon présentera de fortes pentes :

1° sur le versant italien pendant	17	kilomètres.
2° dans la traversée du Jura —	67	—
Soit en tout......	84	kilomètres.

Comment tiendrons-nous un compte exact de ces pentes pour l'augmentation des frais d'exploitation ? Si l'on représente par 100 la dépense d'exploitation sur les lignes à faible rampe (de 0 à 10 millièmes), cette dépense est estimée à 237 sur les lignes en rampe de 20 millièmes par M. Ruelle (Annales des Ponts et Chaussées, 1865) ; 236 sur les rampes de 25 millièmes par M. Gottschalk (Mémoire de la Société des ingénieurs civils, 1870) ; à 200 sur les rampes de 25 millièmes par M. Vauthier (Mémoire inédit, 1874).

La convention internationale qui a été conclue entre la Suisse, l'Allemagne et l'Italie, au sujet du Gothard, admet que les tarifs seront augmentés d'une surtaxe de 50 p. 0/0 sur les parties de la ligne où les pentes dépassent 50 millièmes.

Nous pourrons donc tenir compte des pentes des différentes lignes en augmentant les longueurs réelles de quantités proportionnelles à la longueur des parties en pente et à leur importance.

C'est ainsi que l'on peut dire que :

101 kil. de pente au Mont-Cenis .... correspondent à 135 kil. en plus.
63 » » Saint-Gothard........ » 125 » »
31 » » Mont-Blanc (par Nantua) » 75 » »
84 » » Simplon (par le Jura) » 120 » »

Ajoutant ces derniers nombres aux longueurs réelles données plus haut, nous aurons le tableau suivant :

	DE CALAIS A PLAISANCE		
	Longueurs réelles.	En plus.	Longueurs virtuelles
Mont-Cenis...	1263 kilomètres	135 kil.	1398 kilomètres.
Mont-Blanc ..	1194 »	75 »	1269 »
Simplon	1206 »	120 »	1326 »
St-Gothard...	1178 »	125 »	1303 »

La ligne du Mont-Blanc est donc supérieure à celle du Simplon et plus en mesure qu'elle de lutter contre le Gothard.

Une autre considération également importante, c'est la question des lignes de douane à traverser et du plus grand nombre de Compagnies auxquelles on aura à faire en prenant la voie du Simplon au lieu de celle du Mont-Blanc. Par le Mont-Blanc, le trajet de Paris à Plaisance ne dépend que de deux Compagnies, l'une française et l'autre italienne. Le même personnel, le même matériel, les mêmes tarifs arriveront jusqu'à Chamonix et il n'y aura qu'une ligne de douanes à passer, tandis que par le Simplon il faut traverser trois territoires de nationalités distinctes, trois Compagnies au moins et deux lignes de douanes.

Dépenses de construction

Mont-Blanc. — Les chemins de fer construits actuellement s'arrêtent :

1° Sur le versant français à Annemasse, d'où doit partir un chemin de fer voté par la dernière loi, qui remontera la vallée de l'Arve jusqu'à Chamonix. Cette ligne, d'environ 90 kil. de long, sera facile à exécuter, elle n'entre réellement dans la région montagneuse que vers Servoz, 15 kilomètres avant Chamonix.

2° Sur le versant italien, le chemin de fer s'arrête actuellement à Ivrée, mais la ligne Ivrée-Aoste, qui en est le prolongement, est votée et classée en première catégorie. Sont votées également la ligne de raccourcissement Vercelli-Mortara-Broni, avec raccordements sur Pavie et Stradella.

Il ne reste donc plus à faire que le souterrain du Mont-Blanc, la ligne d'accès d'Aoste au souterrain et la ligne de raccourci d'Ivrée à Santhia complètement en plaine italienne.

Dans le projet de M. de Lépinay, le plus coûteux mais le meilleur comme moindres pentes et plus faible altitude des têtes, les travaux seront les suivants : Tunnel de 13,640 mètres (de Chamonix à l'aplomb d'Entrèves), suivi d'une galerie sous vallée attaquable par plusieurs puits de 5300 mètres. D'après un savant géologue turinois, le tunnel rencontrera la protogyne sur une épaisseur de 9500 mètres; cette roche est dure sans doute, mais le percement du Gothard a montré que les roches dures et homogènes étaient bien préférables aux autres. L'Arve et la Doire-Baltée qui coulent de chaque côté de la montagne, fourniront toute la force motrice nécessaire.

Entre la tête sud et Aoste il n'y a pas de difficultés sérieuses, sauf un grand viaduc sur la Doire-Baltée.

Les dépenses peuvent s'évaluer :

1° Pour le souterrain et la galerie.	64	millions.
2° Section du souterrain à Aoste, 30 kil. à 500,000 f. le kil.	15	»
3° Section d'Ivrée à Santhiâ, 26 kil. à 200,000 fr. le kil.	5	»
En tout pour le Mont-Blanc	84	millions.

Simplon. — Pour le Simplon, il existe actuellement :

1° Sur le versant nord, un chemin de fer à une seule voie allant de Bouveret à Brieg;

2° Sur le versant sud, le chemin de fer s'arrête à Gozzano, à la pointe sud du petit lac d'Orta, situé à l'ouest du lac Majeur, et le chemin de fer devant relier Gozzano à Domo-d'Ossola est voté.

Le tunnel aura 18,507 mètres de long. La nature géologique des roches à traverser est la suivante. Il traversera d'abord, du côté du nord, la formation des schistes lustrés et calcaires sur une longueur d'environ 3 kilomètres; il pénétrera ensuite, pour la majeure partie du parcours, dans les micaschistes, les schistes amphiboliques et les gneiss avec interposition de calcaire saccharoïde. Du côté sud, on rencontrera des granits très durs, mais encore assez faciles à exploiter.

Suivant M. Lomel, l'auteur du projet, ce tunnel ne coûtera pas plus de 4000 fr. le mètre tout terminé et à deux voies, soit 74 millions. Mais si nous remarquons que les trois premiers kilomètres du côté nord traversent les schistes lustrés, roche souvent fissurée et que le torrent la Saltine passe au-dessus du tunnel, il y a fort à craindre des infiltrations considérables qui pourront amener des mécomptes.

De la tête sud, près d'Iselle à Domo-d'Ossola, il y a 17 kilomètres très difficiles, car on y compte 12 tunnels et on peut compter un million le kilomètre.

Le décompte s'établira comme suit :

Prix de la ligne de Bouveret à Brieg.	7 millions.
Double voie ferrée sur cette ligne	4 »
Gare et accès au tunnel à Brieg	5 »
Tunnel de 18,500 mètres	74 »
Section Iselle-Domo d'Ossola.	17 »
Soit en tout pour le Simplon	107 millions.

ce qui fait 23 millions de plus que pour le Mont-Blanc.

Et encore ferons-nous remarquer que nous ne comptons pas le prix de la section de Gravelona à Arona, que la Compagnie du Simplon veut exécuter sur la rive occidentale du lac Majeur, dans l'espoir d'y trouver du trafic. Cette section, longue de 29 kilomètres, établie au pied d'une montagne à pente raide, passera près de riches villages où le terrain est des plus chers, et il faut bien compter 500,000 francs le kilomètre, soit 14 à 15 millions en plus pour cette section.

Délai d'exécution

Quelle est celle de ces deux lignes, Mont-Blanc ou Simplon, qui pourrait être finie la première, si on l'entreprenait?

Les lignes d'accès des deux tunnels demanderont bien moins de temps à construire que ces tunnels eux-mêmes, la question se réduit donc à savoir quel est celui des souterrains qui pourra être livré le premier.

Du côté du Mont-Blanc, nous avons un tunnel de 13,640 mètres suivi d'une galerie sous vallée de 5,300 mètres, cela fait une longueur totale de 18,940 mètres à percer; mais il faut remarquer que la galerie sous vallée s'attaquera non seulement par sa tête sud et par le puits d'Entrèves où elle se relie au tunnel proprement dit, mais encore qu'elle aura d'autres puits. Il faut donc considérer le tunnel isolément; il est moins long que le Gothard qui a demandé 6 ans 1/2 pour être percé, on peut donc compter 6 ans pour le percement.

Au Simplon, nous avons 18,500 mètres à percer et seulement par deux chantiers d'attaque. Si nous admettons qu'on ait la même vitesse moyenne qu'au Gothard, c'est admettre qu'on ira plus vite, puisque les difficultés de l'opération croissent à mesure qu'on s'enfonce. Même dans cette hypothèse favorable, il faudra huit années pour le percement.

Considérations militaires sur les deux tunnels

Des trois grandes routes militaires menant en Italie par les passages du Mont-Cenis, du Petit St-Bernard et du Simplon, la dernière est sans contredit la plus importante. La partie en montagne est la plus courte, et de plus cette route débouche pour ainsi dire au centre du grand arc convexe formé par les Alpes au nord de la péninsule italique. C'est ce qui explique la préoccupation constante de Napoléon Ier pour ce passage dont il voulait assurer la possession exclusive à la France. Il essaya d'abord de se faire céder le Valais par la Suisse, puis de l'en détacher pour en former un Etat indépendant, et enfin, en 1810, il s'en empara purement et simplement pour en former le département du Simplon. Les traités de 1815 ont déchiré tout cela, le Simplon est maintenant en Suisse, de sorte que si on y perçait un tunnel pour y faire passer un chemin de fer, l'une de ses portes serait confiée à l'Italie et l'autre à la Suisse. Dans des circonstances peu probables, mais qui cependant pourraient très bien se présenter, les avantages que la France pourrait obtenir de ce passage, se retourneraient contre elle.

Au point de vue exclusivement militaire, l'intérêt français exige qu'on n'ouvre à travers les Alpes que des passages artificiels dont la France ait au moins l'une des clefs. Le Mont-Cenis et le Mont-Blanc seuls répondent à cette condition; par eux la France et l'Italie sont mises dans une situation de réciprocité complète, et ces pays ne sont pas exposés à avoir un passage (le Simplon) dont une porte n'est protégée que par la neutralité suisse.

CONCLUSION

La ligne du Gothard, qui va être terminée dans quatre années, aura une telle supériorité sur le Mont-Cenis au point de vue du transit international de l'ouest de l'Europe, qu'elle attirera à elle une grande partie du trafic de cette voie ferrée.

La France doit donc construire un autre chemin de fer à travers les Alpes pour lutter, si c'est possible, contre cette concurrence.

Le Simplon et le Mont-Blanc sont l'un et l'autre supérieurs au Gothard pour la France, mais le Mont-Blanc a cet avantage de :

1° Donner les parcours les plus courts et les moins accidentés ;

2° De pouvoir être fait à plus bref délai et de coûter moins cher ;

3° De déboucher directement en France, sans emprunter un territoire étranger.

Souhaitons que les pouvoirs publics ne demeurent pas inactifs en présence d'une question aussi capitale pour notre commerce, notre industrie et la défense militaire du territoire de la République, et espérons que cette solution, réellement française et non cosmopolite, ralliera la majorité des suffrages de nos législateurs.

A. MARCHEGAY,
Ingénieur civil des mines.

LYON.— IMPRIMERIE A. STORCK, RUE DE L'HÔTEL-DE-VILLE, 78

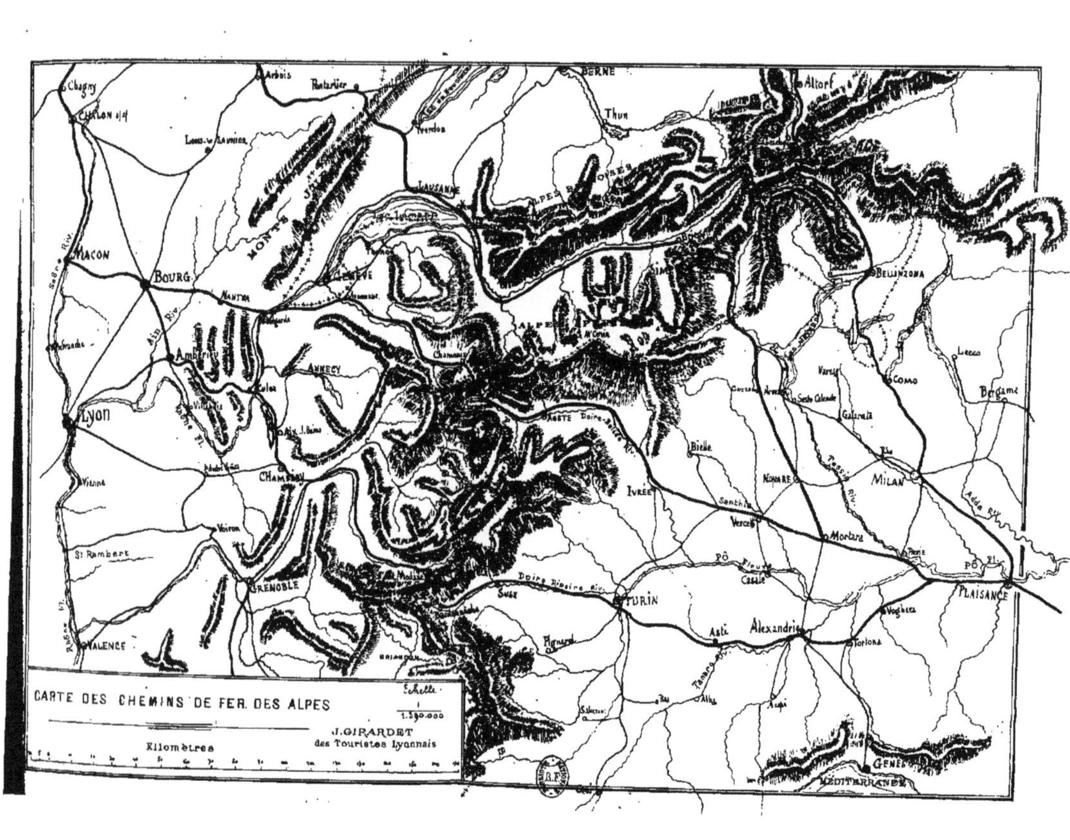
CARTE DES CHEMINS DE FER DES ALPES
J. GIRARDET
des Touristes Lyonnais
Kilomètres
Lyon
BOURG
MACON
GRENOBLE
CHAMBERY
ANNECY
GENÈVE
LAUSANNE
BERNE
Thun
Altorf
BELLINZONA
Como
Lecco
Bergame
MILAN
Novare
Mortara
Vercelli
Ivrée
TURIN
Asti
Alexandrie
Tortona
PLAISANCE
GÊNES
Suse
VALENCE
Voiron
St Rambert
Vienne
Pontarlier
Arbois
Chagny

www.ingramcontent.com/pod-product-compliance
Ingram Content Group UK Ltd.
Pitfield, Milton Keynes, MK11 3LW, UK
UKHW020551230726
13925UKWH00006B/2538

9 782013 576611